PHYSIOLOGIE

DU

CALEMBOURG.

Par un Nain Connu.

Dessins par Henri Emy.

A.B

PARIS,

| BOCQUET, | PALAIS-ROYAL, |
| ourse. 13. | Chez tous les Libraires. |

OLLIVIER, ÉDITEUR-LIBRAIRE.

LACÉNAIRE, mémoires, révélations, poésies et chansons, 2 vol. in–8. portrait, *et fac simile.*   15 fr.

SIMON LE BORGNE, par MICHEL RAYMOND, auteur des *Intimes.* 2ᵉ édition, 2 vol. in–8.   15 fr.

PHYSIOLOGIE DU RIDICULE, par Mᵐᵉ SOPHIE GAY. (*Édition à 3 fr. 75 c.*) 2 vol. in–8.   7 fr. 50 c.

MÉMOIRES DE MADAME D'ABRANTÈS, sur l'Empire, 18 vol. in–8. *Édition Ladvocat*   135 fr.

On vend séparément les tomes 5 à 18.

HENRI FAREL, roman alsacien, par LOUIS LAVATER, auteur du *Nouveau Candide.* 2 vol. in–8.   15 fr.

PHYSIOLOGIE

DU CALEMBOURG.

PHYSIOLOGIE

DU

CALEMBOURG,

PAR UN *NAIN CONNU*;

Dessins de Henry Émy.

Panem et circenses.

(LES ROMAINS.)

Le Cirque (olympique) et Dupin.

(LES GAMINS DE PARIS.)

PARIS.

RAYMOND-BOCQUET, | PALAIS-ROYAL,
Place de la Bourse, 13. | Chez tous les Libraires.

1841

PARIS. — IMPRIMERIE DE TERZUOLO, RUE MADAME, 30.

A MONSIEUR DUPIN (LAID-NÉ)

Mon cher Maître,

Des envieux osent prétendre que le calembourg est l'esprit des sots; le silence a été défini de la même manière par je ne sais quel poète :

Le silence *est l'esprit des sots*
Et l'une des vertus du sage.

Or, connaissez-vous beaucoup de sots, même à la Chambre, où il y en a plus d'un, qui sachent se taire à propos?

En connaissez-vous beaucoup qui sachent faire un calembourg passable?

Donc, cette définition est fausse dans l'un et l'autre cas.

Le calembourg est éminemment Français :

Le Français né malin créa le calembourg.

Qu'importe qu'il ne soit pas toujours spirituel s'il est souvent amusant. Un bon *mot* suffit quelquefois pour nous faire oublier les plus cruels. Après le passage de la Bérésina, le maréchal *Ney*

vit un soldat qui avait perdu le sien :
« Qu'est devenu ton *nez*, lui dit-il affec-
tueusement. » « *Je l'ai (gelé)*, maréchal, »
répliqua le vieux brave en tirant de sa
poche un morceau de chair passé à l'état
de glaçon. Cette répartie fut mise à l'or-
dre du jour de l'armée. On conçoit le
soulagement que ce *beau mot (baume-
eau)* dut apporter à des malheureux qui
n'avaient pas la plus petite *goutte de con-
solation*.

Je soutiens donc, et vous prouveriez
au besoin, que le calembourg unit l'utile à
l'agréable, *utile dulci*, comme l'a écrit,
après Horace, un marchand de chocolat.

Si des esprits chagrins ou jaloux me
reprochent des plagiats plus ou moins

volontaires, et qui pis est, des niaiseries, je répondrai :

1° Que les bonnes choses sont écoutées deux fois avec plaisir ;

Bis repetita placent.

2° Qu'en fait de calembourgs, les *sauts* (*sots*) sont les *bonds* (*bons*) et les *pluvieux* (*plus vieux*) sont les plus *frais*.

Un Inconnu.

Actualités.

Onsieur Liadières, l'aide-de-camp poète, commence ainsi l'une de ses tragédies :

Ne méprise point les flots ni les femmes, car
Tu peux être, mon fils, { *sur des mers* / *sûr d'aimer* } tôt ou tard.

— Hier, M. Pepin - le - Hâbleur se lamentait sur la position inférieure du tribunal de commerce. — Nous y porterons remède, lui dit M. Horace Say pour le consoler. — Hélas !

répliqua le Pepin, nous aurons beau faire, on y verra toujours beaucoup de *préjugés* (*prêts jugés*).

— On demandait à M. Duchâtel pourquoi M. Guizot s'endormait dans une douce sécurité. — Parce qu'il a *sa litière* (*sali Thiers*), répondit-il.

— Samson a demandé à Monrose le 29 juillet, jour pluvieux : pourquoi y a-t-il si peu de monde à la fête ? — Parce qu'*on sent des gouttes*, a-t-il répondu.

— Madame Sophie Gay disait hier à sa fille Delphine : M. Lamartine est bien fatigant avec ses chants ; il ne peut parvenir *au ministère* (*au* MI *ni se taire*).

— Les Américains sont bien mauvais mélomanes, disait M. Duponchel ; depuis un an ils ne font que crier : « *Est-ce l'air ? est-ce l'air ?* (*Essler*)! »

— Alcide Tousez, grand ami du beau sexe, va passer toutes ses soirées de congé chez Franconi; il s'y trouve, dit-il, en *Circassie* (*cirque assis*).

— Un soir M. de Schonen, dînant à la cour, se frottait le ventre comme un convive peu rassasié. — Je voudrais, dit-il tout à coup à M. Barthe son voisin, que la reine fît elle-même les parts. — Pourquoi cette idée saugrenue? demanda le louchard. — Parce qu'il y aurait *amélioration* (*Amélie aux rations*).

— M. et madame Decazes prenaient le frais à l'une des fenêtres du Luxembourg, lorsqu'ils virent sur la pelouse deux pairs de France microscopiques, MM. P..... et M..... Quels *pairs roquets!* s'écria Madame. — Véritables *oiseaux verts* (*oies au vert*), répliqua Monsieur.

— La population de Toulouse a fait fuir un agent de la police occulte par cette seule apostrophe : *File ou crains.*

— Tout va bien, disait naguère un député à ses électeurs ; j'ai mérité la croix, et les ministres *l'accordent*.

—M. Arago a demandé à M. Joly: Pourquoi les fortifications compromettent-elles le gouvernement? — Le député de Toulouse a répondu : Parce que le *mur murant* Paris rendra Paris *murmurant*. — Joli, mais trop vieux, a répliqué le savant astronome, vous n'y êtes pas : c'est parce qu'on pourra reprocher à nos hommes d'État beaucoup de *forts faits (forfaits)*.

—Dernièrement M. Ballanche, en sortant de l'Académie, a salué M. Droz de ce galant compliment : —Mon vieux philosophe, il y a en toi l'étoffe de deux Thalès. — Pourquoi? a demandé le vieillard mal bâti. —Parce qu'il était de *Milet (demi-laid)*, et que tu l'es tout à fait.

—L'auteur peu gracieux de *l'Art d'être heureux* a riposté avec une horrible grimace au père d'Antigone, qui n'est rien moins que beau : — Tu m'as bien l'air d'un mandarin retourné. — Ah! bah! et pourquoi? — Parce qu'un mandarin est *lettré*, et que tu es *très laid.*

—M. Dupoty disait à M. Cavaignac:—Sais-tu qu'il suffirait d'une seule lettre pour alimenter le genre humain? — Ce serait donc la lettre *I* (*laiterie*)? — Pas du tout, c'est la lettre *S*. — Je ne comprends pas, a répondu l'intelligent publiciste. — Eh bien! si l'on écrivait *ciel* par un *S,* nous aurions toujours *l'essentiel* (*l's en ciel*).

— Au commencement d'une séance dans laquelle M. Dupin devait adresser des interpellations aux ministres du 1er mars, on annonça qu'une indisposition grave forçait M. Thiers de garder le lit. — *Fat-alité!* s'écria l'orateur bourru.

—Le duc de Nemours disait un soir au duc d'Aumale, en dînant aux Tuileries : — Sais-tu

quelle analogie il y a ici entre les gens de mé-
rite et les civets de chat ? — Non, répondit le
jeune colonel. — Eh bien ! c'est que les uns
et les autres y sont *méconnus* (*mets connus*).

—Le duc d'Aumale, piqué au jeu, demanda
à son frère : — Sais-tu pourquoi notre belle-
sœur Hélène, lorsqu'elle dîne à la table d'hôte
de son papa beau-père, ressemble à une échap-
pée du paradis de Mahomet ? — Parbleu ! répliqua le cadet, c'est parce qu'elle est *une
bru nourrie au palais* (*une brune houri au
palais*).

—En ce moment, M. Montebello rit aux éclats
d'une grosse niaiserie qu'il venait d'improvi-
ser. — Oh ! *l'ânerie* (*l'âne rit*) ! murmura la
princesse Hélène en se penchant vers son glo-
rieux époux.

Système télégraphique.

Pendant les troubles de Toulouse, la police locale a entretenu avec le pouvoir central une correspondance sténographique dont voici les principaux extraits:

1re DÉPÊCHE.

La Police : Le peuple est A J T (*agité*); la place publique est O Q P (*occupée*); l'autorIT A B C, C D (ité abaissée , près de céder), M. Plougoulm U E (*hué*); M. Mahul Q I (*cuit*); M. Saint-Michel E B T (*hébété*); les têtes sont R I C (hérissées); la troupe L A C (*est lassée*).

RETOUR DU COURRIER.

Le Pouvoir : A J C avec N R J, (agissez avec énergie), M N A G (et ménagez) peu les coups D P (d'épée); H E , D P C, H V (*hachez, dépecez, achevez*).

2e DÉPÊCHE.

La Police : Chavardès est D C D (décédé) ; M. Mahul A E T L V en F I J (*a été* ÉLEVÉ *en effigie*) ; il s'est F A C (*effacé*); M. Plougoulm K O T (cahoté) a dit : le préfet E D K V (est décavé); toute cause de trouble A C C (*a cessé*); M. Arzac M E R S T (*aimé est resté.*)

RETOUR DU COURRIER.

Le Pouvoir : La municipalité est K C (cassée); M. Duval de ses fonctions A R I T, O B I C (*a hérité, obéissez*).

Question sociale.

ONSIEUR Cormenin a demandé :
Pourquoi les ouvriers n'assistent-
ils pas aux discussions électorales?
—M. Ledru-Rollin a répondu : parce qu'ils ne
pourraient s'y trouver *sans s'y taire (censi-
taires), sans six terres.*

— Au moment où Thomas Morus marchait
à la mort, une voix de la foule lui adressa
cette apostrophe : *grand Thomas Morus,
allez (grand homme a morues salées).*

2

— Le député Legrand, qui n'est pas un grand député, disait un jour : Je ne vais jamais de bonne heure à la chambre, parce que mes collègues craindraient les tempêtes s'ils voyaient au milieu d'eux *le grand Océan* (*Legrand tôt séant*).

— Je vous parie vingt-cinq boudjoux contre un chemin vicinal, disait naguère M. Bugeaud au duc d'Aumale, que je soumettrais bien plus facilement l'Algérie avec une simple *batterie* de cuisine qu'avec toutes vos *batteries* d'artillerie? — Comment? demanda le jeune colonel. — Parce que les rebelles ne veulent qu'*un dey jeune et fort* (*un déjeûner fort*), mais sans cela on ne peut *pas s'y fier* (*pacifier*).

— Pourquoi les fileuses ne craignent-elles pas les séductions? — Parce qu'elles sont familiarisées avec les *roués* (*les rouets*).

— M. Pasquier jalousait l'autre jour son ami Molé, qui emprunte à sa perruque un

petit air de jeunesse fort agréable : « C'est un
grand *perd son âge* », disait le malin chance-
lier.

— Sais-tu, demandait Lepeintre aîné à
madame Bressant, pourquoi les barbiers sont
au niveau des sergents de ville ? — Je ne sais
pas, minauda la jeune dame. — Eh bien ! c'est
parce qu'ils font *la peau lisse (la police)*.

— Et vous, vieux malin, reprit madame
Bressant, pourriez-vous me dire quel est le
mari qui fait le plus fumer une femme. — Parbleu, c'est *le mari lent (Maryland)*, s'est
écrié le spirituel comédien.

—Othon le bossu, roi des Grecs, vient d'é-
crire aux grandes puissances : « Je voudrais
secourir les Candiotes; mais, hélas ! mes forces
navales qui n'ont jamais été bien imposantes,
sont encore *empirées (en Pyrée)*. »

— Les Athéniens ont répété plus que jamais à cette occasion, notre ministère ne voit

que *soie et coton* (*que soi et qu'Othon*) ; il n'est pas assez *fil et laine* (*Philellène*).

— Quel est le remède le plus sûr au mal de mer, demandait Arnal ? — *L'éther* (*les terres*), répondit Ballard.

—Sais-tu, poursuivit ce dernier, tout fier de sa découverte, pourquoi tes succès sont bien fragiles ?—Au contraire, reprit modestement Arnal.—C'est parce que tu t'appuies sur *Duvert* (*du verre*).

— Pourtant, objecta Bardou, il est bien sûr d'avoir toujours le gosier frais, tant qu'il aura *les rinçures du verre* (*les reins sur du verre*). *—Ah! les reins sur du verre!* c'est bien piquant s'est exclamé Émile Taigny.

— S'il persiste à s'appuyer *sur du verre,* a dit Lepeintre jeune, il ne peut manquer de rester sur le *carreau.*

— M. Fain a demandé à M. Montalivet :

pourquoi la volaille du Mans a-t-elle plus de saveur que de parfum?—Parce qu'*elle échappe au nez (elle est chaponnée)*, a répondu l'artiste culinaire.

— M. Alexandre Delavergne a demandé à M. de Matharel : Qui prouve que les écrivains sont hospitaliers pour leur famille ? — Le piquant feuilletoniste a répondu : c'est qu'il n'en est pas un seul chez qui on ne trouve plus d'une *parente aise (parenthèse)*.

Problèmes mathématiques.

Es trois Dupin se sont coalisés pendant les vacances pour fabriquer les bons mots ci-*dessous ;* comme il en était question, *de sous,* aucun d'eux ne voulait l'avoir (*le dessous*).

— Quelles sont les pièces de monnaie les plus parfumées ?
— Les souffleurs (sous fleurs).

— Les plus piquantes ?
— Les soudards (sous dards).

— Les plus mordantes?

— Les soudans (sous dents).

— Les plus tranchantes?

— Les soubrettes (sous brettes).

— Les plus vieilles ?

— Les soudages (sous d'âge).

— Les plus considérables dans le monde chrétien?

— Les soupapes (sous-papes).

— Les plus équivoques?

— Les souleurs (sous leurre).

— Les plus malades?

— Les *souffrants* (sous francs).

— Les plus persuasives?

— Les soumissionnaires (sous missionnaires).

— Les plus tutélaires ?

— Les *sougardes (sous gardes)*.

— Les moins valables ?

— Les *soupirs (sous pires)*.

Le calculateur a clos le concours en disant : je voudrais être l'éditeur des Mémoires de madame Laffarge : — Pourquoi ? — Parce que je serais sûr de voir bien vite beaucoup *de souvenirs (de sous venir)*.

L'aîné a soupiré, nous étions nés tous trois pour l'architecture. — Pourquoi ? — Parce que nous avons toujours recherché *les soubassements*.

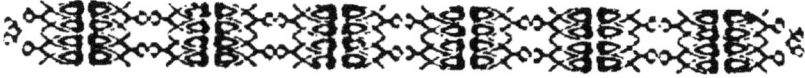

Variétés.

E comte de Paris a demandé à son
frère le duc de Chartres : pourquoi
ton entourage n'est-il pas toujours
bien choisi ? — Le cadet n'ayant pu répondre,
l'aîné a repris : c'est parce que tu as autour de
toi beaucoup *de mélanges (de mes langes.)*

M. Thoré a demandé au docteur Dumoutier : Pourquoi les charpentiers dans leurs ateliers sont-ils continuateurs de Gall et de Spur-
zheim?—M. Dumoutier a répondu : c'est parce
qu'ils font souvent usage de *frêne au logis.*

— M. Léon Faucher s'est transporté chez
M. Thiers pour lui demander pourquoi les
menuisiers étaient les gens les plus capables
de débrouiller la question d'Orient.—C'est, a
répondu le petit homme, parce qu'ils connaissent parfaitement *la scierie*.

— Madame Adélaïde paraît me vouloir du
bien, disait un jeune courtisan à M. Vatout.
—Eh! mon cher, répliqua le bibliothécaire,
il ne faut pas se fier aux *apparences*.

— Je voudrais avoir l'air effrayant, disait
M. Duchâtel à M. Humann — Prenez *un air*
(*un nerf*) de bœuf, répondit l'Alsacien.

—M. Clapisson a dit à M. Panseron : Mon cher
camard, quoi qu'il arrive, rien ne doit te sur-
prendre : — Pourquoi ? —Parce que tu attends
toujours *un nez vainement* (*un événement*).

— Ce pauvre Panseron, poursuivit M. Clapisson en s'éloignant, il a beau chanter comme un rossignol, il ne sera jamais qu'un *laid
sansonnet* (*laid sans son nez*).

— M. Cuvilier Fleury ayant rencontré M. Trognon dans une grande maison, lui a demandé : Pourquoi aimons-nous à dîner ici? L'extrait de pomme, fin diplomate, lui a répondu: —Parce qu'on y trouve beaucoup de *plats aux tomates* (*plats automates*). C'est quelque chose, a répliqué M. Cuvilier, mais la principale raison, c'est que le maître du logis est un homme *affable* (*à fables*. — Ce bon temps est passé, a riposté M. Trognon; maintenant il n'est plus qu'un vieillard *affaissé*.

— Pourquoi M. Thiers est-il bon pour les *coups de main ?* — Parce qu'il est *un index* (*un nain d'Aix*).

— Pourquoi la Cour a-t-elle congédié M. Thiers qui caressait tour à tour tous les partis: — Parce qu'il la faisait frémir en disant à tous propos : « J'ai plus d'une corde *à mon arc* (*à monarque*).

—Pourquoi la foule s'empresse-t-elle de céder le haut du pavé aux voitures de la Liste civile ? — Parce qu'elles sont traînées par des chevaux *féroces* (*fails rosses*).

— Pourquoi les ministres du 1er mars ont-ils mis plusieurs jours à quitter leurs hôtels ? — Parce qu'ils ont été chassés avec *des ménagements* (*déménagement*).

— MM. Trognon et Cuvilier Fleury sont meilleurs courtisans que professeurs, disait M. Montalivet : ils ne savent faire que des *courbettes* (*cours bêtes*).

— M. Guizot voudrait faire juger tous les détenus politiques par la Cour des Pairs, parce qu'elle en condamne *cent sur six* (*sans sursis*).

— M. Chambolle demandait à M. Perrée : Quand la Cour fait-elle des cancans sur le compte des ministres ? — Quand elle songe à *l'équité* (*les quitter*) répondit le gérant des 47,000 abonnés du *Siècle*.—Qu'elle les quitte, rien de mieux, repartit le député de Napoléon-Vendée; mais elle devrait le faire sans *mot dire* (*maudire*).

— M. Arzac a demandé à M. Maurice Duval pourquoi il s'obstinait à déposséder la garde-nationale toulousaine de ses sabres, fusils et baïonnettes : Le proconsul a répondu :—Parce que ce sont des armes *à serrer* (*acérées*).

— M. Cunin-Gridaine a demandé à M. Ganneron pourquoi on doit se fier à la discrétion des bonnetiers.—C'est, a dit l'ex-fabricant de chandelles, parce qu'ils ont coutume de parler *bas*.

— On demandait à un jeune pianiste pourquoi il s'appliquait si assiduement à l'étude de la musique. —C'est, dit-il, parce que je voudrais en faire *comme Hertz* (*commerce*)

—M. Véron sortait de l'Opéra-Comique, après avoir entendu seulement une scène des *Diamants de la couronne :* — La pièce est donc mauvaise, lui demanda M. Lautour-Mé-

zeray? — Je ne sais, répondit l'homme-cra-
vate, mais je n'aime pas *l'échantillon* (*les
chants Thillon*).

— Pourquoi les chats fuient-ils les abords
du Champ-de-Mars les jours de course? —
Parce qu'*on y voit que chevaux et chats
paient* (*on n'y voit que chevaux échappés.*)

— Je ne crains rien pour moi, disait le duc
d'Orléans au plus fort de la mêlée pendant le
siège d'Anvers. Un *bien fait* (*bienfait*) n'est
jamais perdu.

— Pendant un entr'acte, à l'Opéra, madame Lehon sortait de sa loge, pour se rendre
au foyer : — Je vais la regarder pour savoir
l'heure, dit un lion qui avait mis sa montre au
Mont-de-Piété : — Comment cela ? lui demanda le comte Germain. — Parce qu'elle est en
ce moment *une belle hors loge.*

— J'aimerais beaucoup à visiter l'Italie, disait un très grand personnage : c'est un pays
attirant (*à tyrans*).

— Le Gymnase est le théâtre favori des gastronomes, gloussait Klein : on y vient pour *Bouffé* (*bouffer*).

— M. Taschereau disait il y a peu de jours: Des médisants ont prétendu que M Thiers serait toujours *debout ;* cependant il est *à bas :* — Il est *tabac*, s'écria M. Thibaudeau ! Vous voyez pourtant qu'on ne le *prise* guère.

— Sais-tu, disait Nemours à Rosolin, ce qui prouve que l'invention des faux mollets est antérieure à toi? — C'est, dit le prince, que je suis plus jeune que le *faux Molé*. — Non, reprit le cadet, c'est la conspiration des *Maillotins* (*maillots teints*)-

— M. Léon Pilet a demandé à M. Duponchel : Quel est l'âne qui va le mieux sur l'eau? — C'est *l'âne à selle* (*la nacelle*) a répondu l'illustre lorgnon.

Aperçus politiques et philosophiques.

L E ministère est l'inverse d'un moulin. L'un a sa *tactique*, l'autre son *tictac*.

GUIZOT.

— Notre *constitution* est fragile : elle es d'origine *anglaise (en glaise)*.

CORMENIN.

— On ne choisit pas les agents de police

comme on le voudrait, on ne peut les prendre que parmi ceux qui ont été *offerts*.

APPERT.

— Les Provençaux sont les premiers antiquaires de France ; ils aiment beaucoup les *médailles* (*mets d'ails*).

MARY LAFON.

— Le résultat de nos débats parlementaires sera : *la nationalité* (*nation alitée*).

LISFRANC.

— Un véritable homme d'état doit être *honnête* (*au net*), mais il ne doit pas être *trop poli* (*trop au lit*).

MARTIN (du Nord).

— Il en est de certaines floueries diplomatiques, comme des truffes, pour les découvrir il *faudrait aller en Périgord* (*il faudrait Talleyrand-Périgord*).

THIERS.

— Les princes sont supérieurs aux huîtres :

celles-ci ne font que traverser le *palais*, ceux-là y résident sans cesse.

Cousin.

— Les derniers pairs créés par Charles X et destitués par la volonté du peuple comprendraient mieux les affaires que leurs successeurs, parce qu'ils sont *ex-pairs* (*experts*).

Chateaubriand.

— Le *manteau* le plus chaud c'est *le manteau de la cheminée*.

Michel Chevalier.

— Les négociants aiment les animaux domestiques : ils courent après les *chalands* (*chats lents*).

Geoffroy Saint-Hilaire.

— La contrefaçon n'est pas chose nouvelle les Romains avaien' un *forum* (*faux rhum*).

L'Air-mi-niais.

— Il faudrait aller en Sardaigne pour connaître les douceurs de *la mansarde* (*l'amant Surde*).

VIRGINIE DÉJAZET.

— Nos soldats sont toujours prêts à marcher : ils ne craignent pas *les tapes* (*l'étape*).

ÉMILE-MARCO-DE-SAINT-HILAIRE.

— Si l'ex-ministre Lacave était en Espagne, on pourrait bien y voir *la cavalcade* (*Lacave alcade*).

Lord SEYMOUR.

— La vogue de Mayeux le bossu, en 1830 et 31, provient uniquement de ce qu'on trouvait chez lui *l'épaule au nez* (*les Polonais*).

Alph. HENRIOT.

— On ne veut plus, en France, des sous de Monaco parce qu'ils sont *déshonorés* (*des Honoré*).

AGUADO.

— L'homme incorruptible théoriquement

et pratiquement, foulerait aux pieds, si on les lui offrait, tous les bijoux de *six milords* (*similor*).

Dupoty.

— Un chiffonnier ferait un excellent ministre : il est toujours versé dans les affaires d'État (*des tas*).

Feu Gustave Planche.

— Le suffrage universel en Amérique n'offre aucun danger : on y trouve plus d'un *capacitaire* (*cap à citer*).

Odilon-Barrot.

— Viennent les forts détachés, Paris ressemblera à un perdreau rôti : il sera *bon bardé* (*bombardé*).

Montalivet.

— Les discours de la Garonne se suivent et se resssemblent : ils sont tous *comme un* (*communs*).

Arago.

—Notre langue ne sera bientôt plus intelligible en Turquie : on parle d'y supprimer *les muets* (*l'E muet*).

Napoléon LANDAIS.

—Pour convaincre les matérialistes il suffit de leur jeter toujours *la monnaie* (*l'âme au nez*).

DE BONALD.

—Les députés marchandent avec le peuple sur les moindres améliorations. Quand trouvera-t-on parmi eux plus *d'hommes donneur*).

LEDRU-ROLLIN.

—Le ministère ne sortira point de l'abîme : il n'a pour lui *que deux sceaux à puits* (*que de sots appuis*).

BÉRANGER.

—Les bonnes traditions se perdent : on voit dégénérer les habitudes *en tics* (*antiques*).

ROYER-COLLARD.

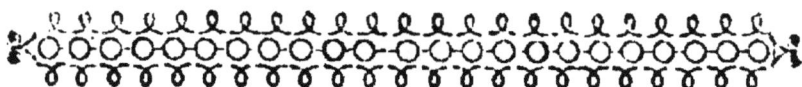

Pensées diverses.

ONSIEUR Delhaas a demandé à M. Gendebien : Comment les Belges pourraient-ils reprendre l'une des provinces que la Hollande leur a volées? — Ce dernier a répondu : En portant des vêtements de soie, parce qu'ils auraient alors *le luxe en bourre*. — A ce compte, reprit M. Delhaas nous serions tous *andouillettes* (*en douillettes*).

— M. Humann a demandé à M. Mahul :
Sais-tu bien pourquoi mon manifeste sur les
portes et fenêtres est favorable aux pauvres ?
— Non. — C'est parce qu'il a pour but de di-
minuer leurs *jours de souffrance*. — Alors,
répliqua le préfet dégommé; enlevez aussi
leurs *peines* (*pênes*). — C'est impossible, répondit M. Humann, ils ont encore trop de
vices (*vis*).

— Mme Foa a demandé à Mme Flora Tristan :
Quand les indiscrétions d'une femme sont-
elles surtout à redouter?—Quand *elle est pic*
(*elle épie*), a répondu l'*illustre paria*.

— Je vous reconduirais bien chez vous,
poursuivit Mme Tristan, mais je serais obligée
de faire, en dehors, le tour du jardin des
Tuileries *extra-muros*.—Pourquoi, ma mie?
— Parce qu'il est fermé à *la brune*.

— M. Fontaine a demandé à M. Lebas : faudrait-il beaucoup de temps pour bouleverser
la Madeleine?—Mon Dieu non, a répondu le

tuteur de l'obélisque, pour bouleverser *l'a-*
mas de laine il suffirait d'un *quart d'heure*
(*d'un cardeur*).

—M. Feuillide a demandé à M. Granier (de
Cassagnac), pourquoi les aventuriers ne font-
ils plus fortune en Amérique. — Le négrier a
répondu : parce qu'ils n'y trouvent que des
terres biens cultivées et *des jachères* (*déjà*
chères).

—M Garat a demandé à M. Persil, pourquoi
d'Argout est-il sujet à des hallucinations ? —
Le directeur de la monnaie à répondu : parce
qu'il est *tout taille et nez* (*tout aliéné* (*à lier*
né).

—M. Barbet a demandé à M. Laffite : pourquoi le département de la Seine-Inférieure
est-il celui de tous où il y a le plus d'aristo-
cratie?—Le banquier a répondu : parce qu'on
y trouve des *rois nés* (*Rouennais*) par mil-
liers.

— L'amiral Duperré a demandé par le télégraphe à l'amiral Hugon, pourquoi les équipages de notre flotte pourraient-ils se recruter à Paris. — Celui-ci a répondu : parce qu'on y voit beaucoup de *mariniers (maris niais)*.

—M. Poulle a demandé à M. Jollivet, quand le bois vert travaille-t-il le mieux?—Quand il est ouvrier *(tout vrillé)* a répondu le député de Rennes.

—Louise de Cinq-Loups a demandé à son marchand de bois, savez-vous ce qui choque le plus les femmes dans le nouveau système métrique? — C'est qu'on veut qu'elles soient *austères (au stère)*. — Si ce n'était que cela ! Mais c'est qu'on leur ôte *la voix (la voie)* et qu'on leur parle de *stère (se taire)*.

— M. Gavarni a demandé à M. Jeanron : pourquoi les débiteurs recherchent-ils les femmes grondeuses?—Parce qu'ils aiment *les belles quittances (les belles qui lancent)*.

Question théâtrale.

LIBERTINE Coquillard a demandé à Fifine *idem :* pourquoi nous laissait-on souvent attendre aux portes avant que nous fussions passées princesses? — Parce qu'on aime à voir les femmes *polies sonner*.

— Fifine a dit à son tour : pourquoi nos compagnes de coulisse fréquentent·elles avec plaisir les ateliers de menuisiers?—Parce que, a répondu son altesse, on y trouve *les rabots* (*les rats beaux*).

—Pourquoi, a poursuivi la susdite, ces mêmes figurantes ont-elles les chaloupes en horreur?—Parce qu'on *y voit que les rats meurent* (*on n'y voit que les rameurs*).

—A la dernière représentation de la *Révolte au Sérail*, six *dames de chœurs* chargées de rôles guerriers ont donné leur démission. On voulait leur imposer *silence* (*six lances*).

—Mademoiselle Faustine a demandé à mademoiselle Paquita : pourquoi les amateurs recherchent-ils la faveur de descendre sur le théâtre?—La belle Espagnole a répondu : parce qu'ils y trouvent des *cous lisses* (*coulisses*).

—La même a demandé à la même : que faudrait-il être pour ne pas s'émouvoir à la vue d'une belle gorge?—Il faudrait être *des seins* (*des saints*).

— Madame Stoltz a demandé à mademoiselle Nau, pourquoi les galants les plus roués ne sont-ils auprès de nous que des écoliers?
— La belle amoureuse quelque peu latiniste, a répondu : Parce qu'ils ne font que traduire *le mot à mot* (*le mot* amo).

— Mademoiselle Fitz-James a demandé à mademoiselle Heinefetter, pourquoi mademoiselle N... s'imagine-t-elle encore plaire?—La cantatrice a répondu : parce qu'elle est *poétique.*

— Mademoiselle Nongaret demandait à mademoiselle Nathalie, comment Auriol te plaît-il le plus?—En *singeant,* répondit la piquante brune.

— Défie-toi des hommes en général, disait mademoiselle Maria-Lopez à une jeune figurante, à peine sortis du collége ils sont *déjà loups* (*des jaloux*).

—Puis elle poursuivit, tu es trop douce, il

faut te changer, va chez un brocanteur. —
Pourquoi?—Parce qu'on y fait *les rats chats*
(*les rachats*).

— Madame Bressant demandait à son amie
mademoiselle Esther, pourquoi n'as-tu jamais
que de mauvais rôles?—C'est, dit-elle, parce
que je ne connais que des *radoteurs* (*rats
d'auteurs*).

— Mademoiselle Esther a demandé à son
tour, pourquoi certain prince aquatique sem-
ble-t-il identifié avec son habit? — La jeune
dame a soupiré, parce que l'un et l'autre *sont
à pans* (*sont tapans*).

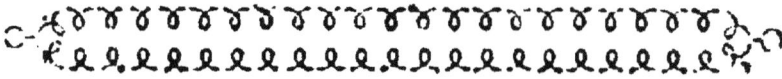

Musée des Antiques.

N. B. La science du calembourg a fait tant de progrès depuis quelques années, grâce au *Corsaire* et au *Charivari*, que l'auteur de ce recueil s'est trouvé en un grand embarras : devait-il omettre entièrement les calembourgs les plus connus? C'était s'exposer aux justes réclamations des néophytes qui étudièrent cet ouvrage comme un traité élémentaire. Les présenter comme à peu près neufs, c'était encourir les reproches légitimes des érudits. Nous avons adopté un système de juste-milieu, par exception, en entassant pêle-mêle dans une espèce de fosse commune les mots les plus communs du répertoire.

ES catacombes ressemblent à un parterre, - on y trouve beaucoup *d'os rangés (d'orangers)*.

4

—Les oiseaux sont comme les chantres d'é-
glise, familiarisés avec le *plain-chant* (*plein
champ*).

— Les maîtres d'armes ressemblent à des
valets de chambre, *ils tirent des bottes.*

—Quels sont les *poissons* qui n'ont pas
d'arrêtes?—Les *poissons d'avril.*

—Les meilleures *pointes* sont les *courtes-
pointes.*

—Des claqueurs assistent au spectacle *éten-
dus par terre* (*étant du parterre*).

—On garde les cerises à l'eau-de-vie et le
cassis *qu'on fit* (*confits*) *en dépôt* (*en des
pots*).

—Les femmes qui restent dans l'église après
vêpres sont des femmes *accomplies* (*à com-
plies*).

— Madeleine la pécheresse a été féconde,

nous avons *les dix fils* (*l'édifice*) de la Made-leine.

—Poissy est le pays *dévot* (*des veaux*) par excellence.

—La Chine est un pays *athée* (*à thé*).

—Les épiciers sont forts sur la lithurgie, ils s'occupent *de thé au logis* (*de théologie*).

— Quel est le *signe* qui figure invariable-ment sur tous les passeports, c'est le signale-ment (*le cygne allemand*).

— Les officiers de marine se plaisent beau-coup à bord, ils y font toujours le *carnaval* (*quart naval*).

— Le lac de Genève est un immense tom-beau, on y trouve la plus grande armée *dé-truite* (*des truites*).

—Quels sont les ponts dont on peut apprécier le poids?—Les *pondérables* (*ponts d'éra-ble*).

—La femme de *Kean* était *taquine* (*à Kean*).

—L'almanach est indispensable aux faiseu-res de corsets, elles y trouvent des *patrons* pour tous *les seins* (*les saints*).

— Les femmes les plus charmées sont les femmes *qu'on tente* (*contentes*).

—Par un temps pluvieux on risque de jouer au cheval *fondu* quand on monte un cheval *de selle* (*de sel*).

— Les gros hommes ne doivent pas jouer au piquet, ils y seraient exposés aux *coups de sang* (*coups de cent*).

—Quelle est la patrie des pois?—*L'Écosse* (*les cosses*).

— Mademoiselle Rachel a peu gagné à son voyage en Angleterre, elle nous est revenue presque *enlaidie* (*en lady*).

— La rue la plus favorable aux estomacs souffrants, c'est *la rhubarbe (la rue Barbe)*.

—Les anciens avaient *Vulcain (vu Lekain)* avant nous.

— Le plus sensible quand il arrive un malheur, c'est celui qui donne le premier *l'alarme (la larme)*.

—Un merle sur un vaisseau serait *un merlan frais (un merle en frêt)*.

— Le siècle le moins éclairé c'est le siècle de *l'Arétin (l'art éteint)*.

—Les fabricants d'allumettes sont ceux qui *souffrent* le plus.

—Pourquoi les chasseurs se réjouissent-ils quand ils tuent un tigre ?—Parce que toujours *il est acheté (il est lacheté)*.

—Les chasseurs de Vincennes visent juste parce qu'ils ne sont pas *sensibles (sans cible.)*

—Les fripiers sont des marchands *envieux* (*en vieux*).

— Les cochers sont les plus adroits perruquiers, ils frisent les bornes et rasent les boutiques.

—Les comédiens nomades voyagent difficilement, ils ne marchent jamais sans *des cors* (*décors*).

—Qu'y a-t-il de plus léger en fait *de chevaux?* — *L'écheveau de fil* (*les chevaux de file*).

—On ne peut voir madame Dorus sans solliciter *des chants d'elle* (*des chandelles*).

—L'an qui a le plus de *jour* c'est *l'encensoir* (*l'an sans soir*).

—Les radis ont un grand poids dans la balance de la justice, ils sont toujours *crus*.

—L'Asie est plus avancée que l'Europe dans

la voie de la civilisation, on y trouve plus de *sentiment (cent imans)*.

— Les Arabes sont comme les vieux historiens, ils aiment à se nourrir de *dattes (dates)*.

— Les vaches donnent leur lait *avec dépit (avec des pis)*.

— On craint que le lait ne manque cet hiver, beaucoup de vaches ont *l'épidémie (les pis démis)*.

— Les quincailliers sont gens cupides, ils vendent leurs *services (serre-vis)*.

—Aux dernières courses du Champ-de-Mars la Cour a été frappée d'une terreur panique. Les chevaux couraient *sur la reine (sur l'arène)*.

— Les chasseurs de Vincennes sont comme la Toussaint, ils amènent *les froids (l'effroi)*.

—On fait du chemin en trottant *sur l'éta lon (sur les talons)*.

—Les Suisses ont conservé un souvenir de leur libérateur, c'est *une bagatelle* (*une bague à Tell*).

—Les chevaux de fiacre sympathisent avec les Auvergnats, ils aiment *la muselte.*

— On assimile les ouvriers à des domestiques, on leur donne des *livrées* (*livrets*).

— Les meilleurs livres sont comme les galettes,—*feuilletés.*

— Ne craignons pas d'augmenter le matériel de notre cavalerie et de notre artillerie', on a *cinq canons* (*cinq ânons*) pour dix sous.

— Pourquoi les buveurs lisent-ils toujours Virgile avec plaisir? — Parce qu'ils aiment à avaler *des verres de rhum* (*des vers de Rome*).

—Les doreurs sont de fortunés mortels, ils sont toujours *adorés* (*à dorer*).

— Les moutons tondus de près ont *l'ha-
leine (la laine) courte.*

— En Perse on trouve *des pères sans enfants (des Persans enfants).*

—Les élèves en médecine inquiètent la police, ils parlent toujours *de dix sections (de
dissection).*

—On ornait autrefois, à l'époque des mois-
sons, le temple *d'épis d'or (d'Épidaure).*

— Dans quelles montagnes le sang circule-
t-il le mieux?—Dans *les sept veines (les Cé-
vennes).*

— Les rats sont malheureux quand ils sont
rassemblés (rats sans blé).

— Le détroit qui ressemble le plus à une
fontaine, c'est le détroit de *borne et eau (Bor-
néo).*

— Les chaudronniers étaient honorés au-

trefois en Orient. On y proclamait *les chefs
de l'étamage (les chefs de l'état mages).*

—Le meilleur moyen de défendre une porte
c'est d'y mettre *un dragon (un drap gond).*

— Les oiseaux à Athènes couvent *dans un
Y (dans un nid grec).*

— Le chiffre le plus impérieux c'est 99, il
est *pressant (près cent).*

—Si l'on coloriait les dessins de Callot, on
en ferait *des calotins (des Callot teints).*

— Les meilleurs vins, le soir, sont ceux *de
Beaune et de Nuits (de bonnet de nuit).*

Question d'embastillement.

L<small>E</small> duc d'Orléans voulait placer son mot sur l'embastillement devant un grand personnage. — Cela ne vous regarde pas, lui dit celui-ci, c'est une question de *forts*.

— On nous ramène à l'ignorantisme, écrivait le *Journal du Peuple*. — Au contraire, répondit *le Messager*, on travaille au progrès des lumières, puisqu'on veut vous entourer de *lunettes*.

—M. Jacques Arago disait : on va nous enfermer dans des murs comme des galériens, c'est bien *fort ça (forçat)*.

— M. Lesseps a demandé à M. Mauguin, pourquoi le génie militaire commet-il des excès quand il trouve sur le tracé des fortifications un terrain appartenant à une jolie femme? — L'éloquent orateur a répondu, parce qu'il lui est permis *d'abuser, de s'approprier terre (d'abuser de sa propriétaire)*.

— Madame Constance Aubert a demandé à la couturière Palmyre, pourquoi ne fendez-vous plus les robes sur le devant?— L'habile artiste a répondu : parce qu'on ne fait plus que des *ouvrages fermés à la gorge*.

—Les fortificationnistes sont fous, disait M. Berryer, ils ont recours *aux aunes (aux zônes)* pour faire prévaloir *le mètre le (maitre)*.

— Un orateur ministériel disait, lors de la discussion, dans les bureaux, de la loi d'embastillement : « L'ennemi reculera épouvanté quand nous pourrons lui opposer des ouvrages *à cornes.* » —D'accord, répondit M. Portalis, mais il vous suffirait pour cela de l'attaquer *de front.*

—M. Félix Avril disait à M. Baune, qu'ont-ils besoin de leurs citadelles, ne sommes-nous pas tous *fort détachés (forts détachés)*?

— M. d'Alton-Shée a demandé à M. de Latour-Maubourg, pourquoi les fortifications seront-elles surtout préjudiciables aux jolies promeneuses et à M. Decazes?—M. de Latour a répondu : parce qu'on y verra beaucoup de *peaux ternes (poternes)* et *Decazes-mât (de casemates).*

—Nous prend-on pour une population de savetiers, maugréait M. Glais-Bizoin, on croit nous satisfaire avec des *tranchets (tranchées).*

— Les étrangers ne s'opposent pas à l'exé-

cution de nos travaux, disait M. Buchez.— Je
le crois bien, répliqua M. Cabet, ils ne de-
mandent pas mieux que de nous voir *terras-
sés (terrasser)*.

—Si Paris bouge, disait le général Bugeaud,
on n'en fera pas plus de cas que d'un vieux
sac. — Pourquoi, demanda le maréchal Gé-
rard? — Parce qu'alors il sera *saccagé (sac
agé)*.

—Le général Schneider a demandé au général Jacqueminot : Pourquoi faut-il porter notre ligne d'opérations jusqu'à Saint-Denis? —
Le comte de Ilam a répondu : parce que c'est
là que doit commencer *le bacchanal (le bas
canal)*.

—Les fortifications sont une question d'in-
dépendance, disait M. Valentin de la Pelouse.
— Dites plutôt une question de *servitudes*,
répondit M. Viennet.

COURS DE GÉOGRAPHIE.

Question départementale.

E Doubs (*le doux*) est le fleuve le plus éloigné *de l'amer* (*de la mer*).

— Nous avons *les arts d'Aisne* (*les Ardennes*).

— *Les Frondeurs* (*les fronts d'Eure*).

— Les bêtes *de somme* (*de Somme*).

— Le *Loir et cher* (*Loir et Cher*).

— *L'alose erre* (*la Lozère*), près *l'eau* (*Lot*); que *la vilaine* (*la Vilaine*), de là, *Vienne* (*la Vienne*), *encore aise* (*en Corrèze*), ce sera pour les *chats rente* (*Charente*).

— Les sergents-de-ville connaissent *l'Ardèche, Aisne, Allier, Haut-Rhin* (*l'art des chaînes à lier aux reins*).

— Les comédiens *de Normandie* (*de Nord mendient*), étant sur *la Seine inférieure* (*sur la scène inférieurs*).

— Il est plus d'un *bras* (*de rivière*) qui passe dans *la Manche*.

— *L'Orne-Maine*, *Pas-de-Calais* dans *l'Eure* (*l'or ne mène pas de Calais dans l'heure*).

— Les départements les moins propres sont *Aisne, Aube, Ain* (*haine aux bains*).

— Les plus doux sont ceux de *l'Ain et de l'Aisne* (*de lin et de laine*).

— Le plus précieux c'est *le Cher*.

— Le plus sociable c'est *l'Allier* (*l'allié*).

— Ceux que les crémiers détestent le plus sont *Aisne, Aube, Eure* (*haine au beurre*).

— Les pigeons voyageurs ne passent jamais par Metz, parce qu'ils craignent un mauvais coup *de lame aux ailes* (*de la Moselle*).

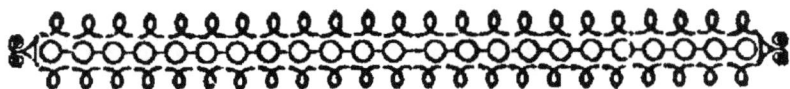

Question musicale,

es notes que les frotteurs aiment le mieux sont : *sol, fa, si, la, si, ré* (*sol facile à cirer*).

— Les ouvriers en métaux chantent toujours en *la mineur* (*lamineurs*).

— Certain roi déchante parce qu'il n'est plus *la, do, ré* (*l'adoré*).

— Un chanteur enthousiaste n'est jamais embarrassé pour faire la cuisine : il a toujours *un réchaud* (*un ré chaud*).

— Quel est le patron des musiciens? — Saint *Rémy* (*ré, mi*).

— Roger, de l'Opéra-Comique, déjeûnait chez Véry avec son ami Pingrez. Celui-ci lui ayant demandé quel poisson il préférait, l'artiste trop discret pour faire un choix se contenta de fredonner : *la, sol, mi, ré* (*la sole m'irait*).

— L'harmonie régnait toujours parmi les membres de l'inquisition ; ils n'employaient que des *fa-mi liés* (*familiers*).

— Deux *ré* rapprochés ressemblent à deux amis : ils sont *réunis* (*ré unis*).

— On s'étonnait de voir figurer dans le cabinet du 1er mars M. Cousin, le plus com-

promettant des philosophes; M. Berlioz dit à
ce propos :

« *Un fa, si, la, mi, la, mi, la (un facile
ami l'a mis là.* »

Question littéraire.

Onsieur de Balzac a demandé à M. Léon Gozlan : Quelle est la lettre la plus nourrissante après la *lettre I?* — M. Gozlan a répondu : C'est le *J Goth (le gigot).*

— M. Alphonse Karr a demandé à son ami Gatayes : Quelle est la lettre qui ressemble le plus aux flots agités ?—M. Gatayes a répondu :

C'est l'X, parce qu'il est toujours *soulevé*
(*sous le V*).

—M. Théophile Gautier à demandé à M. Es-
quiros : Quelle est la lettre la plus fashionable?
—M. Alphonse a répondu : C'est la lettre *U*,
parce qu'elle est toujours *apprêtée* (*après T*).

— Quelles sont *les lettres* les plus piquantes a demandé M. Théodore Anne à M. Lubis.
— Ce sont les *lettres* de la contemporaine. —
Vous n'y êtes pas, a répliqué le spirituel publiciste. — Quelles sont-elles donc? — *Les P*
(*l'épée*).

·—M. de Villèle a demandé à M. de Valmy :
Pourquoi M. de Maisonfort, ex-légitimiste,
a-t-il dîné chez le gouvernement? — M. de
Valmy a répondu : C'est parce qu'il veut toujours *les D* (*l'aider*)

— M. Taxile Delord a demandé : Quels sont
les *A* les plus respectables?— M. Arnould Fré
my a répondu : Ce sont *les aloyaux* (*les A
loyaux*).

— M. Alexandre Dumas est intervenu et a demandé : Quels sont les *A* qui ne doivent plus figurer dans *un vers ?*—Ceux qui ne doivent plus figurer dans *un verre*, a répondu M. Émile Pagès, ce sont *les abus (les A bus)*.

— M. Eugène Briffault a demandé : Pourquoi la *volaille* est-elle toujours fraîche ? — M. Albéric Second a répondu parce qu'elle a toujours *les ailes mouillées (les LL mouillées)*.

— M. Louis Desnoyers a demandé à M. Élie Berthet : Quel est le plus grand des *I ?*—L'auteur du *Pacte de Famine* a répondu : C'est *l'image (l'I Mage)*.—Et le plus froid ?—C'est *l'hyver (l'I vert)*.

— M. Martinet a demandé : Quel est *l'O* le plus gracieux ? — L'*O* le plus gracieux, s'est écrié M. Alphonse Royer, c'est *l'Orient (l'O riant)*.

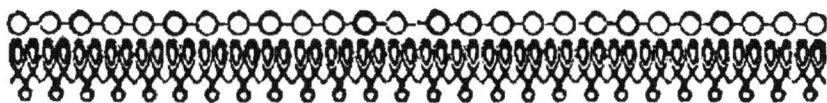

FOSSILES.

'Église adore un *Saint-Jean-Bap-*
tiste (singe en batiste).

— L'évêque *de Dijon (dix joncs)* est le
mieux appuyé.

— Brutus a perdu *César (ses arrhes).*

— Médée disait : *Jason (jasons).*

— Jason disait : Viens, *Médée* (*m'aider*).

— Saturne était l'époux de *six belles* (*Cybèle*).

— M. Panseron court toujours comme *un éperdu* (*un nez perdu*).

— Les blanchisseuses font des *repas sages* (*repassages*).

— A Jérusalem on a vu *les croisées* (*les Croisés*) *aux fenêtres.*

— Les *cerfs* les plus vains sont les *cerfs-paons* (*serpents*).

— Dans les ateliers de peinture on trouve des *rats peints* (*rapins*).

— On fait *avec un notaire* (*avec un os taire*) un chien.

— Vénus était déesse de *six terres* (*Cythère*).

— La Médie est la patrie *des médecins (des Médes sains)*.

— A Hambourg, les militaires sont toujours en *bourgeois (Hambourgeois)*.

— Bacchus et Apollon sont frères : ils sont fils de *la tonne (Latone)*.

— Les rats sont heureux quand ils vivent de *lard sain (de larcin)*.

—Les sergents-de-ville ont *un sale aire (un salaire)*.

— Les sœurs Essler sont toujours brillantes parce qu'elles ont des *flancs beaux (flambeaux)*.

— Notre archevêque aime *saint Jérôme (singer Rome)*.

—Avec les courtisans superbes, il faut prendre *le bas ton (le bâton)*.

—Les fournisseurs d'armées *fument* comme des *vole camps* (*volcans*).

— Nos soldats mangent un mauvais pain en Afrique : ils n'y reçoivent que des *blés sûrs* (*blessures*).

— Le duc d'Orléans n'aura jamais la façon de son père : il se sert de *mollets* (*mots laids*).

— Comment peut-on se laver la bouche?— En prenant la diligence pour *Reims et Sédan*.

— Une femme revêche ressemble à une terre : pour en tirer quelque chose il faut *la-bourer* (*la bourrer*).

— Les vaisseaux relèvent de l'Église romaine : ils ont des *sous-papes* (*soupapes*).

—La femelle du chacal fait des *shakos* (*chacaux*).

— Les sangsues sont bonnes musiciennes :

elles font des ouvertures *de Beethowen* (*de bête aux veines*).

—Mademoiselle Mars n'est plus de ce monde : elle est trépassée (*très passée*).

— Don Quichotte est difficilement admis dans les bibliothèques fashionables : c'est un livre de *servantes* (*Cervantes*).

— *Les meutes* chassent *les cerfs, les serfs* appellent *l'émeute.*

— Robert-Peel aime le poulet *quand il est au riz* (*quand il est tory*).

— Quelles sont les pies qu'on trouve dans l'herbe? — *Les pissenlits* (*les pies sans lit*).

— Les habitants de la banlieue savent toujours l'heure : ils sont tous *horlogers* (*hors logés*).

— Si Mars avait été catholique on aurait pu en faire *un marsouin* (*un Mars oint*).

—Les maçons se croisent les bras la moitié de l'année : ils ne travaillent que dans *les mois longs* (*les moëllons*).

—L'homme qui se lève de bonne heure ressemble à un vêtement : il est *paletot* (*pâle tôt*).

—Les Bretons ont le plus perdu à la suppression de la loterie : parce qu'ils avaient toujours *cinq lots dans la manche* (*Saint-Lô dans la Manche*).

—Un petit homme malheureux est *un nabot minable* (*un abominable*).

—L'esprit le plus prompt c'est *l'esprit de vin* (*l'esprit-de-vin*).

—La mesure que les buveurs aiment le plus c'est *un hectare* (*un nectar*).

—Les crucifix les plus resplendissants sont les *cristaux* (*Christ hauts*).

— L'histoire romaine n'est pas toujours in : téressante : on y trouve souvent des *faits sots* (*faisceaux*).

— L'eau se change en pierre précieuse quand elle est *opale* (*eau pâle*).

— Après la moisson, on trouve partout *des préfets* (*des prés faits*).

—Les gastronomes vont à Montmartre parce qu'ils y trouvent des *plâtriers* (*plats triés*).

— *I fit génie* (*Iphigénie*). — *Rata fit A* (*ratafiat*) et *Barna B* (*Barnabé*).

— Le lin le plus précieux c'est le *lingot* (*lin Goth*).

— La forêt la plus tragique c'est la forêt de *Vincennes* (*vingt scènes*).

—M. Thiers est *un nain pur, un nain gras, un nain valide, un nain constant, un infaillible, un nain fortuné, un inflexible,*

6

un nain capable, un nain civil, un nain commode, un nain complet, un nain conséquent, un nain constitutionnel, un nain corrigible, un incorruptible, un nain crédule, un nain croyable, un nain décent, un nain délicat, un nain digne, un nain discret, un nain doux, un infini, un nain solvable, un nain tolérant, un nain traitable, un nain variable.

— Les vieilles femmes sont *arides (à rides).*

— Les femmes les plus légères sont les femmes de *Tulle.*

— Le sot le plus poétique c'est le *sonnet (sot net).*

— Les petits savoyards viennent à Paris pour *cheminées (cheminer).*

— Les oiseaux qu'on attache sont les mieux chaussés : ils ont du *filosèle (fil aux ailes).*

— La marée qui fait le plus de chemin est la *maréchaussée (la marée chaussée).*

— On trouve dans la rue Saint-Denis beaucoup de *mères sciées* (*merciers*).

— César a déshabitué les Romains *de pomper* (*de Pompée*).

— Qu'est-ce qui excite le plus à boire ? — *Les chansons* (*l'échanson*).

— Pourquoi se compromet-on avec les joueurs de profession ?—Parce qu'ils ont beaucoup de *défauts* (*dés faux*).

— Atala aimait le café parce qu'elle voyait son amant dans *chaque tasse* (*Chactas*).

— Les Persans ont été gouvernés autrefois par *six Russes* (*Cyrus*).

— *Hic* est du masculin parce que *hic, hæc, hoc* (*Hic est coq*).

—Cependant, nous avons *l'Amérique* (*la mère Hic*), puisque chacun de nous peut voir son *physique* (*son fils Hic*).

— La Révolution a produit un *Messie d'or* (*messidor*).

—Les plus vieux rats sont les *ragots* (*rats Goths*).

—Les petits livres sont toujours de mode dans l'Inde; on n'y trouve que *des Indouses* (*des in-douze*).

—Le plus hérétique des quadrupèdes c'est *l'anabaptiste* (*l'âne à Baptiste*).

—L'Assomption est la fête des chats elle se célèbre à la *mi-août* (*mïaou*).

— Les pauvres voudraient tous aller en Suisse, parce que *c'est là qu'on fait des rations* (*c'est la confédération*).

— On aime le pain parce qu'on trouve en lui *l'ami de l'homme* (*la mie de l'homme*).

— Les femmes souffrent moins que nous des cors aux pieds parce qu'elles ont des *corsages* (*cors sages*).

— Les cavaliers sont faciles à séduire : ils veulent tous être *débauchés* (*des Baucher.*)

— Quand on veut user de ruses il ne faut pas *les vanter* (*l'éventer*).

— Les journaux s'adressent spécialement aux personnes *à beaux nez* (*abonnées*).

— Ce qu'il y a de plus lourd et de plus léger c'est *un cerveau lent* (*un cerf-volant*).

— Les rémouleurs se livrent à leur métier *déguisés* (*d'aiguiser*).

— Madame Gibus, dans son comptoir, préside toujours avec *art aux ganses*.

— Les femmes les plus riches portent quelquefois des *pans de loques* (*pendeloques.*)

— Les anciens étaient supérieurs à nous dans l'art musical : ils jouaient avec *délire* (*des lyres*).

—Si nous avions un roi juif il serait *un circoncis (un sire concis)*.

—Les plus lourds chapeaux sont les chapeaux *déteints (d'étain)*.

— Avec les femmes il ne faut pas faire *des cris (d'écrits)*.

— On aime beaucoup les olives *au Val-de-Grâce (ovales de Grasse)*.

—Lacenaire participait à la fois des règnes minéral et animal, il était *sel et rat (scélérat)*.

—Les rapins effraient les jeunes filles parce qu'ils ont toujours *l'air débauché (l'air d'ébaucher)*.

—Pourquoi le royaume des cieux est-il promis aux niais ?—Parce qu'ils sont voués à *a Trappe (l'attrappe)*.

—Un mari qui garde souvent le lit est un *Marivaux (mari veau)*.

— On ne peut, avant la moisson, se coucher dans les champs *sans délil (sans des lits)*.

— Andromède était une ambitieuse : elle ne pensait qu'à *percer (Persée)*.

— Les fabricants de tuiles sont tous gras, parce qu'*ils sont huiliers (ils sont tuiliers)*.

— A la vue d'un serpent on doit s'attendre à une *morsure (mort sûre)*.

Antédiluviens.

Faut-il encore parler de :

—Massacrer femme (ma sacrée femme)?

—De cent luries (centuries)?

—De corbeaux (corps beaux)?

—De cornus (corps nus)?

Antédiluviens.

FAUT-IL encore parler de :

—*Massacrer femme (ma sacrée femme)?*

—*De cent turies (centuries)?*

—*De corbeaux (corps beaux)?*

—*De cornus (corps nus)?*

—Du départ *du lys (d'Ulysse)*?

—De la descente *des nez (d'Énée)* aux enfers?

—Des *planètes (plats nets)*?

—Des ivrognes tombés en *des faïences (défaillance)*?

—Du *templier (Temps plié)*?

— Des malheurs annoncés *par des pêches (par dépêches)*?

—Des *manches à ballet (manches à balai)*?

— Des cornichons *confidents du vinaigre (qu'on fit dans du vinaigre)*?

—Des *censeurs (cent sœurs)* et de leurs *six os (ciseaux)*?

— De *séraphin (cérat fin)*?

—De *la faute au génie (photogénie)*?

—De *vers durs* (*verdure*)?

—*D'habits sains* (*d'Abyssins*)?

—Du wagon sorti de *sérail* (*ses rails*)?

— Du style *en poulet* (*ampoulé*)?

— Des agriculteurs qui *s'aiment* (*sèment*)
e plus?

—Des assemblées *à gris cols* (*agricoles*)?

— Des *calés facteurs* (*caléfacteurs*)?

—De *l'apostat* (*la poste A*)?

— Des *prés sciés* (*pressiers*)?

— De *nez grillés* (*négriers*)?

— De joueurs *sanguins* (*sans gain*)?

— De *l'œuf au nid* (*l'euphonie*)?

— De lettres *datées* (*d'athées*)?

— Des sectes *d'Épicure (des piqûres)* et *d'Épictéte (des pique têtes)?*

—D'hommes *en nage (en âge)?*

—De *mine à raies (minarets)?*

—De récalcitrants qu'on prend *par l'airain (par les reins)?*

—De l'enlèvement *d'Élie (des lits)?*

—De porc *épic (épique)?*

—De la voiture *d'une once (du nonce)?*

—De celle qui est *devant (de vent)?*

— De *l'athée sali* et *l'abbé aussi (la Thessalie et la Béotie)?*

—De l'artiste qui fait un biscuit de *sa voix (Savoie)?*

— De *rats colleurs (racoleurs)?*

— Des faibles qui *s'aident* (*qui cèdent*)?

— De *la récompense* (*l'arrêt qu'on pense*) (*la raie qu'on panse*)?

— Des fourrures *pas latines* (*palatines*)?

— De *fin acier* (*finassier*)?

— De rues *en bourriches* (*en boue riches*)?

— D'*Évangile* (*Ève en Gilles*)?

— De *six troncs* (*citrons*)?

— D'une partie *des Sheicks* (*d'échecs*)?

— De *cinq bols* (*symboles*)?

— D'hommes *emplâtres* (*en plâtre*)?

— De pois *de senteur* (*de cent heures*)?

— De marins *trop pommes* (*trop hommes*) de terre?

—De conseillers qu'on prend *pour des libé-
rés (pour délibérer)*?

— De *fourrageurs (fous rageurs)*?

—De voituriers *à vide (avides)*?

—Du service de *paquebots (de Pâques beau)*?

—De *cous verts (couverts)*?

— De *chars rois (charrois)*?

— De *l'appel (la pelle)*?

—De *la baisse (l'abbesse)*?

—Des *sœurs qu'on verse (converses)*?

— Des coiffeurs qui ne vivent jamais sans
détresse (des tresses)?

— Des banquiers qui ne s'occupent que de
landaux (de l'endos)?

—Des *laids preux* (*lépreux*)?

— Des belles *compresses* (*qu'on presse*)?

—De ceux qui sont *las* (*là*)?

— De ceux qui *sont ailleurs* (*tailleurs*)?

— Des dentistes qui aiment à voir *les mâts choir les* (*mâchoires*)?

—De *bouc lié* (*bouclier*)?

—De *mes créanciers* (*mécréants sciés*)?

—De *l'ode aux rats* (*l'odorat*)?

— De l'homme *sans tort* (*centaure*)?

—De l'âne mélomane qui se nourrit de *son?*

— Des femmes qui aiment *les poulets* (*l'é-poux laid*)?

— De *six reines* (*scies reines—syrènes*)?

—De *l'épouvanté* (*l'époux vanté*)?

— De *l'épouvantable* (*l'époux vantable*)?

— De *dix gestions* (*digestions*)?

— De *thé hors barrière* (*théorbe arrière*)?

—De *dais mêlés* (*démêlés*) *sanglants* (*sans glands*)?

— D'hommes *habiles* (*à bile*)?

—De *sept tons* (*sétons*)?

— De *baleines* (*bas-laine*)?

—De *bains joints* (*benjoin*)?

— Des amis de *la menthe* (*l'amante*)?

— Des *basses fosses* (*basses fausses*)?

—De *siffleurs* (*six fleurs*)?

— De ce qui s'est fait *avant-hier* (*avant Thiers*)?

—Des trois *parcs* (*Parques*)?

— Des *noires sœurs* (*noirceurs*)?

— D'un temps *détestable* (*d'été stable*)?

— De *l'an sans soir* (*l'encensoir*)?

—De collatéraux qui vont *à la postérité* (*à la poste hériter*)?

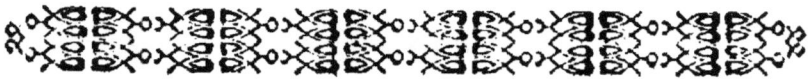

Question maritime.

Si un jeune marin tombe à l'eau par un gros temps, près de la côte, il faut jeter l'ancre sans chercher à le sauver; car il vaut mieux perdre *un mousse que terre (un mousquetaire)*.

Amiral LALANDE.

— On a dit depuis long-temps qu'un vaisseau est bon à manger lors*qu'il échoue (il est chou)*; cela est vrai, surtout quand il est *dans* le Pô (*dans le pot*). Je l'aime encore mieux lorsqu'il est *entre côtes* (*entre-côte*).

Contre-amiral GALLOIS.

— Les discours de M. Thiers ressemblent à l'Océan; on y trouve beaucoup *de vague* (*de vagues*).

Amiral baron DUPERRÉ.

—Les femmes sont amoureuses du *bon ton* (*bon thon*), parce qu'il est *mariné* (*mari-né*).

Capitaine JOINVILLE.

— Si la flotte anglaise faisait voile vers le Portugal, elle trouverait au bout de la traversée *un grand avantage* (*un grand avant Tage*).

Commodore NAPIER.

— La Chambre des députés est une image fidèle de l'Océan; on y trouve des *hauts bancs* (*haubants*), des *corps d'âge* (*cordages*), et même des *forts bancs* et des *bancs d'huîtres*.

Amiral JACOB.

— Les jolies femmes ne sauraient être placées plus convenablement, pendant une traversée, que dans l'entre-pont ; on est bien sûr qu'elles y seront toujours *amicales* (*à mi-cale*).

Vice-amiral LAISNÉ.

— Si les marins célèbres n'ont pas, comme César et tant d'autres guerriers illustres, raconté pompeusement leurs exploits, c'est qu'il n'est guère possible d'écrire quand on a l'habitude de jeter *l'ancre* (*l'encre*).

Amiral HUGON.

Revue de la Semaine.

Monsieur Humann a demandé au duc de Joinville, quel est l'animal qui comprend le mieux le système décimal? — C'est vous, a répondu le Jean-Bart. — Non, a répliqué l'Alsacien, c'est *l'âne à grammes* (*l'anagramme*).

— Le docteur Donné a demandé à madame Forté, qu'y a-t-il de plus *laid?* — L'auguste nourrice a répondu : il n'y a rien de plus *lait* que *les médecins (les mets de sein).*

—M. Altaroche a demandé à M. Albert-Cler: comment la Cour a-t-elle pu faire passer la loi d'embastillement?—Par son *petit tamis (petit ami)* Thiers, a répondu l'homme d'État.

— M. Cousin disait hier à M. Villemain, pourquoi refusez-vous de me faire connaître votre *adresse?* — Parce que j'ai un logement *occulte (aux culles)* répondit le ministre.

—Le général Claparède a demandé à mademoiselle Noblet, pourquoi les militaires sont-ils heureux en amour?—L'artiste a répondu : parce que les femmes aiment beaucoup *les galons (les gâs longs)*

— M. Victor Hugo a demandé quel est le plus mauvais *vers?* — M. Lamartine a répondu : c'est *le verseau (le vers sot).*

— M. Casimir Delavigne est intervenu et a demandé, quel est le plus grand *vers?* — Le plus grand *verre*, a dit le père d'Hernani, c'est encore *le verre sceau (le verseau)* ?—Et si vous le sépariez en deux, a objecté M. Sainte-Beuve? — Alors, vous auriez deux *vermisseaux (vers mi-sols, verres mi-sceaux)*.

—M. de Tocqueville a demandé à M. Mathieu de la Redorte, pourquoi M. Thiers est-il en butte aux sarcasmes des doctrinaires?— L'ex-ambassadeur a répondu : parce qu'il est un homme *à viser* (*avisé*).

— M. Flourens a demandé pourquoi les canards pourraient-ils exceller dans la peinture? —M. de Saint-Aulaire a répondu : parce qu'ils ont quelquefois *de grands modèles* (*de grands maux d'ailes*).

—M. Montalivet a demandé à M. Fain, pourquoi les chats évitent-ils de se trouver sur le passage du roi?— C'est parce qu'ils craignent votre lardoire a dit l'intendant de la liste civile. — Eh! non, c'est parce que les sergens de ville crient : *chapeaux bas!* (*chats, peau bas!*)

—Le duc de Nemours a engagé le duc d'Aumale à ne pas se marier.—Pourquoi a demandé le jeune colonel? — Parce que si tu procréais un enfant ce serait *un dos mal bâti* (*un d'Aumale bâti*).

—Le duc d'Orléans demandait pourquoi madame Doche s'attirait tous les hommages, c'est, soupira le prince de Joinville, parce qu'elle a un cœur *aimant*.

—Le jeune amiral a demandé à son frère aîné, pourquoi n'as-tu jamais parlé à la chambre sur le budget de la marine.—Parce que je n'y comprends rien, a répliqué l'interpellé, mais je suis *pour le restaurateur* (*pour le reste orateur*).

—La duchesse d'Orléans a demandé à la duchesse de Nemours, pourquoi nos belliqueux époux aiment-ils mieux jouer à *la bataille* qu'à *l'écarté*. — C'est, a répondu la jeune blonde, parce qu'ils ne manquent pas *d'as*, mais que les *atouts* ne sont jamais pour eux.

— M. Guizot donnant à dîner à plusieurs pairs de France, dit à son maître-d'hôtel : « Servez peu de gibier, nous aurons parmi nos convives beaucoup *d'anti-cailles (d'antiquailles).* »

—On parlait devant M. Dupin des nombreux opuscules dans lesquels s'exhale en ce moment la gaîté française.—Nous aurons un nouveau lustre l'année prochaine, dit l'ex-président, nous aurons passé *par l'encaustique (par l'an caustique).*

Post-Scriptum.

Au moment de mettre sous presse, nous recevons du président S....., qui désire garder l'anonyme, la lettre suivante que nous nous empressons de publier :

Monsieur et cher confrère,

J'ai lu, avec un plaisir infini, les épreuves de votre *Physiologie du Calembourg,* ainsi

que la charmante *Physiologie du Prédestiné,*
que votre éditeur a eu la gracieuse attention
de m'envoyer sous le même pli. Quel luxe
typographique dans ce dernier opuscule !
Quelle riche profusion de jolis dessins ! Quelle
piquante et joviale critique de cette institu-
tion éminemment bouffonne et respectable
qu'on nomme *le mariage !*.... Mais pardon de
la digression ; je prodigue mes éloges à un
autre, quand votre ouvrage est là, qui fait un
juste appel à mon admiration. C'est pourquoi
vous me permettrez de faire la part du blâme.

1° Vous avez enterré dédaigneusement
dans votre *Musée des Antiques,* et même
parmi vos *fossiles,* un assez grand nombre de
calembourgs que leur extrême jeunesse, ou
même leur complète nouveauté, auraient dû
mettre à l'abri d'une pareille injure ; il est vrai
que vous en avez glissé çà et là, parmi les autres catégories plus ou moins inédites, quelques-uns que leur grand âge excluait natu-
rellement d'une semblable compagnie. Vous
m'objecterez, sans doute, que cette confusion
est *un effet de l'art* (je ne dis pas *un nez fait
de lard*) qui a pour but de rompre la mono,

tonie, et que vous adoptez pour devise : *Diversitas (dix verres, six tasses)*. — Soit !

2. — Vous avez péché par omission , je ne dirai point par ignorance (car je connais votre science profonde de la spécialité), en oubliant, ou rejetant beaucoup de mots dignes d'un meilleur sort.

En voici quelques-uns qui me tombent par hasard sous la plume ; ils sont bien vieux, pour la plupart, raison de plus pour qu'ils trouvent place dans un traité complet de la matière,

Ignari discant et ament meminisse periti.

— Il n'est pas prudent d'aller d'Orléans à Poitiers sans se munir de jujube ; car on trouve en chemin *la toux reine (la Tourraine)*.

M de Balzac à qui je faisais part, un jour, de cette judicieuse réflexion, m'assura, à ce propos, que la ville natale des pruneaux jouissait sur toutes les autres d'une supériorité incontestable parce qu'elle est *en tout reine* (en *Tourraine*).

— Je possède une lettre autographe de Rossini à mademoiselle Nau, ainsi conçue :

« Accourez en Italie, vous serez la merveille *de l'Arnô* (*de l'art, Nau*).

— Le mari d'une femme coquette perd l'appétit. Il craint toujours de voir *l'heure de la soupe sonner* (*l'heure de la soupçonner*).

— Je vous citerai pour mémoire :

— *Lapin 7* (*la pincette*).

— *Le pot âgé* (*potager*).

— Les boulevards avec *des dalles* (*dédale*).

— *L'abord dur* (*la bordure*).

— *Les bans d'âge* (*bandages*).

— *La garance* (*garre-anse*).

— La sainte qui n'a pas besoin de jarretières, *Sébastienne* (*ses bas se tiennent*).

— Et le *cadastre (cas d'astre)*.

— Et le parapluie qu'on reçoit *en cas d'eau* (*en cadeau*).

— Et les *raies au mur* (*Réaumur*).

— Et *la raie aux pages* (*l'aréopage*).

— Et l'invalide *joliment chaud* (*joli man-chot*).

— Et *le Bonaparte manchot* (*bon appar-tement chaud*).

— Et le dernier mot du Système: *mes tri-ques!* (*métrique*).

— Et ce vers de je ne sais plus quel Ful-chiron :

De ce monde il sortit comme *un vieil hareng saur,* / *un vieillard en sort.*

—Et cet hémistiche de M. d'Arlincourt :

On m'appelle *araignée.* / *à régner.*

— Et le mot qui exprime à lui seul : trempe ton pain dans la soupe : *Mésopotamie (mets au pot ta mie)*.

— Au dernier cours de M. Geoffroy-Saint-Hilaire, le savant professeur voulut parler de la baleine : *c'est assez! (cétacée!)* interrompit un de ses auditeurs, et la leçon fut suspendue.

— Vous savez qu'on a dit d'un certain M. *Châles;* ce *Châles (schall)* est un *fichu drôle.*

— Il y a une grande analogie entre les faiseuses de corsets et les maçons : ceux-ci et celles-là font des *niches pour les saints (pour les seins).*

— Le commissaire de police Gremillet de Toulouse ne peut manquer d'obtenir la croix pour les coups de pied qu'il a donnés à un portier récalcitrant. Grâce au nouveau système les coups *de pied* sont devenus des coups *de maître (de mètre).*

— *Cinq françaises* tiennent tout simplement la place d'une pièce de deux sous ; parce que *cinq francs seize* équivalent à *cinq francs très-étroits (treize et trois).*

— Nous avons au-dessus de nous beaucoup *d'étoiles filantes* et sur nous *des toiles filées.*

—Un Congrès des rois de l'Europe ressemblerait à une boutique de faïencerie : on y verrait plus d'un *pot en tas (potentat).*

Je termine mon énumération par ce blasphème monarchique sur lequel je vous prie de me garder religieusement le secret.

Ajoutez dans la deuxième édition, ces mots et quelques autres qui compléteront votre collection déjà si riche et si variée, et vous pourrez alors, mon cher confrère, vous écrier avec le poëte :

Exegi monumentum !

Exclamation que vous traduiriez ainsi :

« Me voici au bout de *mon édifice. mon nez dix fils.* »

LE PRÉSIDENT S.....

Sots et gens d'esprit devineront le nom de notre spirituel correspondant qu'il ne faut pas confondre avec le président Séguier.

FIN

TABLE.

DÉDICACE. 1
Actualités 7
Système télégraphique 13
Question sociale 17
Problèmes mathématiques. 23
Variétés. 27
Aperçus politiques et philosophiques. 35
Pensées diverses. 41
Musée des antiques 49
Question d'embastillement. 59
Cours de géographie. 63
Question musicale. 67
Question littéraire 71
Fossiles 75
Antédiluviens 89
Question maritime 99
Revue de la semaine. 103
Post-scriptum 109

ERRATA.

Page 36, ligne 6, lisez : *mets d'ail*.
Page 40, ligne 12, lisez : *d'hommes donneurs*.
Page 42, ligne 17, lisez : *Tuileries — Pourquoi*, etc.
Page 47, ligne 14, lisez : en *singeant (Saint-Jean.)*
Page 49, ligne 6, lisez : *qui étudieront*.
Page 64, ligne 3, lisez : de là, *vienne*.
  ibid.   ligne 14, lisez : l'Orne, Maine.

Imprimé par la presse mécanique à vapeur
de E. l'épée, à Sceaux,

SOUS-PRESSE :

Physiologie du Père-Lachaise.

— de la Pensionnaire.

— du Moutard, par *un autre*.

— de l'Artiste.

— du Beau monde.

— du Mont-de-Piété.

— de Paris, par *un Béotien*.

— du Chasseur.

— du Pécheur.

— du Palais-Royal.

— du Débiteur et du Créancier.

— de la Camaraderie.

— des Huissiers.

— de la Prison.

— de l'Opéra et du Rat.

— de L'Académie.

3 .. 7 .

75 c.) 1 vol. in-8.

LES CONCINI. 1616-1617, par M. T::sset, auteur du *Mau:ais OEil.* 2e édition, 2 vol. in-8.   15 fr.

TRYVELYAN, roman, par l'auteur d'*Éliza Rivers, Coquet-terie, Godolphin*, etc. 2 vol. in-8.   15 fr.

PHYSIOLOGIE DU MARIAGE, par de Balzac. Deuxième édition, 2 vol. in-8.   15 fr.

UN SECRET, par Michel Raymond, auteur des *Intimes.* 2e édition, 2 vol. in-8.   15 fr.

MÉMOIRES DE LORD BYRON, publiés par Thomas Moore, et traduits par Mme Belloc. 5 vol. in-8.   37 fr. 50 c.

MÉMOIRES DE MADAME DUBARRY. 6 vol. in-8, ornés d'un portrait gravé.   45 fr.

POÉSIES DU CIEL et de la Solitude, par Justin-Maurice, 1 vol. in-8.   7 fr. 50 c.

En vente chez les mêmes Libraires.

PHYSIOLOGIE DU PRÉDESTINÉ,   1 fr.
     id.   DU MALADE, par *P. Bernard.*   1 fr.
     id.   DU DÉPUTÉ, par *P. Bernard.*   1 fr.
     id.   DU JOUR DE L'AN, par
         L. Couailhac.   1 fr.

———◇———

SOUS PRESSE.

PHYSIOLOGIE DE LA POLICE CORRECTION,
       ET DE LA COUR D'ASSISES.   1 fr.
     id.   DE LA CAMARADERIE.   1 fr.
     id.   DU CHASSEUR.   1 fr.
     id.   DE LA PRISON.   1 fr.
     id.   DU PÈRE LACHAISE.   1 fr.
     id.   DU PALAIS-ROYAL.   1 fr.
     id.   DU MOUTARD, par *un Autre.*   1 fr.
     id.   DE L'ARTISTE.   1 fr.
     id.   DU BEAU MONDE, dessins.   1 fr.
     id.   DU MONT-DE-PIÉTÉ, dessins.   1 fr.
     id.   DU PÊCHEUR.   1 fr.
     id.   DE PARIS, dessins.   1 fr.
     id.   DU RENTIER, dessins.   1 fr.
     id.   DES HUISSIERS, dessins.   1 fr.

Et beaucoup d'autres *Petites Physiologies* du même format, du même prix et ornées d'un grand nombre de dessins, culs-de-lampe, etc.

IMPRIMERIE DE TERZUOLO, RUE MADAME, 30.